D1874575

Für: ______________________

Von: ______________________

Kleiner Glücksbringer

Für Gelassenheit & Spass in deinem Job

esslinger

Ein gelungener erster Auftritt ...

Das kommt an ...

- Haltung bewahren: Hände aus den Hosentaschen, Kopf hoch und LÄCHELN!
- Souveräner Händedruck: bloß nicht zu lasch, aber (autsch!) auch nicht zu fest!
- Ein eher schickes Outfit, in dem du dich aber nicht verkleidet fühlst.
- Ganz natürlich sein.
- Verabrede dich für die Kantine, so lernst du die Kollegen schnell besser kennen!

Das kommt eher nicht an …

- Deine pinke Krawatte zum maisgelbem Hemd, deine lila Rüschenbluse zum pinken Mini, das fällt nicht unter „Akzente setzen“!
- Selbstbewusst sein ja, aber keine arrogante „No Problem!“-Miene, du bist nicht James Bond!

- Zu viel Entertainment: Du bist nicht beim Casting für „Deutschland sucht den Superstar“, also bleib mal ganz entspannt ...
- Schau im Meeting nicht nervös auf die Zigarettenschachtel: „Gibts denn hier keine Raucherpause?“
- Zu „Interesse zeigen und Fragen stellen“ gehören nicht: „Wo ist der nächste Kaffeeautomat?“ oder „Wie viele Urlaubstage habe ich eigentlich?“

Welcher Arbeitstyp bist du?

Der „Ich-beherrsche-das-Chaos-Typ“

Im richtigen Büro-Rummel bist du in deinem Element, sprühst vor Ideen und machst am liebsten zehntausend Dinge gleichzeitig. Ordnung – ist was für Langweiler. Na so was, ist der Schreibtisch schon voll? Na gut, dann arbeitest du halt draußen weiter, den Laptop kann man ja schließlich mitnehmen. Tolle Erfindung für Typen, die am liebsten unterwegs sind. Am Zeitmanagement lässt sich vielleicht noch feilen ...

Der „Alles-Hundertprozentig-Typ“

Alles der Reihe nach und immer schön ordentlich! Du weißt nicht nur, wo auf deinem eigenen Schreibtisch die letzte Büroklammer liegt, nein, auch über die deiner Kollegen bist du voll im Bilde. Im Grunde arbeitest du aber lieber ungestört, um dich ganz und gar in die nächste Zahlentabelle zu vertiefen. Dein Motto ist eher „Wenn, dann aber richtig!“ als „Weniger ist mehr“.

Der „Sprücheklopfer“

Ob neue Firmenstrategie, der neuste Woody-Allen-Film oder veganes Kantinenessen – dir fällt wirklich zu allem etwas ein, und das lässt du die anderen natürlich auch wissen.

In Meetings läufst du mit deinen Visionen zur Hochform auf. Deine selbstbewusste und lockere Art ist einfach mitreißend – die Hauptsache, es geigt dir niemand dazwischen!

Tipp für zwischendurch …

… Eine kleine Auszeit:

Dreh in der Mittagspause mal eine Runde im Park, so kriegt man den Kopf frei!

Achtung Fettnäpfchen!

1. Das PARK-Näpfchen: Komm nicht auf die brillante Idee, den Chefparkplatz direkt vor dem Eingang zu benutzen.

2. Das HANDY-Näpfchen: Ein ständig klingelndes Handy für Mr. oder Mrs. Wichtig oder Sätze wie „Alles klar, Schatz, ich hole dich dann später zum Aikido ab“ gehen gar nicht. Private Telefonate sind echt fehl am Platz – peinliche Klingeltöne übrigens auch!

3. Das ICH-KANN-ES-BESSER-Näpfchen: Behalte deine glorreiche Firmenrettungsidee im ersten Meeting lieber für dich!

4. Das ETIKETTE-Näpfchen: Keine Küsschen, egal wie sympathisch dir dein Gegenüber ist! Lieber beim konventionellen Händeschütteln bleiben und erst einmal Siezen.

5. Das NETTE-Näpfchen: Komplimente in der richtigen Dosis sind erlaubt, Schleimer dagegen sind out.

6. Das KLATSCH-Näpfchen: Auf keinen Fall auf Büroklatsch einlassen – das kann böse enden.

7. Das FEIERABEND-Näpfchen: Punktgenau den Stift fallen lassen ist keine gute Idee. Immer als Erster kommen und als Letzter gehen wirkt übereifrig, finde ein gutes Mittelmaß.

Und bist du – uuups – aus Versehen doch mal in eins hineingetreten, nobody is perfect! Beim nächsten Mal einfach besser machen!

Tipp für zwischendurch ...

… Mittagstisch für zwei: Lade doch einmal den Kollegen in die Kantine ein, mit dem du am wenigsten zu tun hast – nicht nur gut fürs Smalltalken …

Kleine Chef-Typologie

Der Unberechenbare:

Nichts für graue Mäuse!

Ein bisschen verrückt ist er schon, manchmal auch genial, oft cholerisch, und sein Selbstbewusstsein kennt keine Grenzen. Einmal alles auf den Kopf stellen, das ist genau sein Ding, daher wird bei einem konventionellen Meeting schon Mal die ganze Firma neu auf Kurs gebracht. Manchmal gibt es auch Scherben. Daher: bei Wutausbrüchen besser in Deckung gehen!

Der Ehrgeizige:

Nur was für Workaholics!

Ein arroganter, zeitweise auch aalglatter Typ. Bei ihm läuft alles nach Plan, Zufall ist für ihn ein Fremdwort, Feierabend übrigens auch. Es ist eher die Ausnahme, ein zaghaftes Lob von ihm zu erhaschen, es geht ja immer noch weiter, besser, schneller. Da hilft nur auffällig mitschwimmen oder still abwarten, bis die nächste Beförderung ansteht.

Der Entertainer:

Für kleine und grosse Lacher!

Er ist da irgendwie ein bisschen hineingeraten, in das Chefsein. Und eigentlich hätte er ja am liebsten ein Großraumbüro, wo er seinen Hang, unter seinen Mitarbeitern für gute Stimmung zu sorgen, voll ausleben könnte. Konflikte? Da kann er nur lachen! Augen zu und dran vorbei. Wenn das die eigene Arbeit nicht stört, na dann nur zu, es gibt schlimmere Chef-Kandidaten!

Der Verpeilte:

Für Diplomaten!

Verklausulierungen und Tatsachen verdrehen, das sind seine Kennzeichen, denn er versteht es ja selbst nicht so genau. Für eine anstehende Sitzung borgt er dann noch schnell eine nette Idee von einem Untergebenen. Auf der Hut sein, die eigene Haut retten, das ist sein Ziel. Für seine Abteilung hat er leider keines. Gegenüber Kritik reagiert er äußerst sensibel. Da hilft nur die große Kunst der Diplomatie.

Der Harmonieliebende:

Für eine relaxte Atmosphäre!

Er vermittelt gerne, von oben nach unten, von unten nach oben, und schaut, dass das Betriebsklima gut und seine Mitarbeiter motiviert bleiben. Er versucht, aus allem und allen das Beste herauszuholen nach dem Motto „Wir kriegen das schon hin!“. Was kann man sich Besseres wünschen?

Tipp für zwischendurch ...

... Schau mal aus dem Fenster!
Das hilft gegen die Bildschirmstarre
und entspannt müde Augen!

So kommst du gut durch den Arbeitstag:

- früher Start: herrlich, da kann man ganz ungestört arbeiten!

- eine Yogamatte für einen Sonnengruß am Vormittag

- eine Flasche Wasser, um im Flow zu bleiben
- kleine gesunde Snacks für mehr Dynamik
- Ohrstöpsel als Ruhestifter
- eine To-do-Liste für jeden Tag (nicht länger als die Einkaufsliste für dein Abendessen!)
- bequeme Schuhe für ein gutes Standing
- NETTworking mit Kollegen

- ein leerer Schreibtisch:
  ausmisten verschafft Überblick!

- ein Lob einstecken:
  freu dich einfach drüber!

- für ein persönliches Ambiente:
  ein paar Fotos, dein Lieblingsstift
  oder ein Pflänzchen gefällig?

- Mensch-ärgere-dich: alles in sich hineinfressen bringt nichts!

- ein gutes Klima: öfter mal danke sagen!

- ein Reminder für Termine und nette Dates am Abend

- Pausen machen: kleine kreative Auszeiten und dann mit neuem Elan ans Werk!

Smalltalk – der gekonnte Plausch

1. Wage es! Fang an, es ist leichter als du denkst. Ein Lächeln beispielsweise ist immer ein guter Anfang.

2. Herrliches Wetter haben wir heute, nicht wahr? Es muss ja nicht unbedingt gleich um den Klimawandel gehen, aber scheinbar Belangloses kann ein guter Einstieg sein ...

3. Was gibt es für Gemeinsamkeiten? Da hilft nur eins: Fragen stellen – vielleicht nicht gerade die, die nur mit JA oder NEIN zu beantworten sind …

4. Achtung, kein Bürotratsch, keine Gerüchteküche, kein Weltschmerz und keine Politik – das ist dann eher BAD- oder BIG-TALK!

5. Nicht ohne Punkt und Komma quasseln. Auch mal PAUSE machen und den Anderen zu Wort kommen lassen.

6. Auch wenn du keine lange Nase bekommst beim Lügen – die Wahrheit kommt früher oder später doch immer ans Licht!

7. Bitte smart aus dem Gespräch aussteigen, nicht nach drei Sätzen auf dem Absatz kehrt machen und die Flucht ergreifen. Ein „O.K., man sieht sich!“ oder „War nett, mit dir zu plaudern!“ hinterlässt da schon einen besseren Eindruck!

Tipp für zwischendurch ...

… Ändere mal den Arbeitsweg, nimm das Fahrrad anstelle des Autos, vielleicht entdeckst du ja unterwegs einen netten Laden für deinen Morgenkaffee!

Achtung vor
Mrs. Oberzicke und
Mr. Arrogant!

Befinden sich diese eher unliebsamen Zeitgenossen in deinem Arbeitsumfeld, ist Vorsicht geboten. Diese kleinen Strategien können hilfreich sein:

- Cool bleiben, wenn die Gegenseite zu einer verbalen Attacke ansetzt, tief Luft holen und dann ruhig und sachlich antworten, bloß keinen Gegenangriff starten …

- In die Rolle des anderen schlüpfen: was steckt dahinter – Neid, Eifersucht oder vielleicht doch eher Größenwahn?

- Emotionen aus dem Spiel lassen – ihr müsst ja nicht beste Freunde werden!

- Ein selbst gebackener Kuchen könnte eine nette Geste sein, um das Eis zu brechen …

- Immer daran denken: es gibt zum Glück auch noch andere, sympathische Kollegen!

Tipp für zwischendurch ...

… Mach doch mal eine Trennkost à la Büro: trenne Wichtiges von Unwichtigem, das optimiert dein Zeitmanagement!

Snack dich gesund!

- echt knackig: mit einem Apfel
- echt bunt durchmischt: mit Studentenfutter
- echt eckig: mit Müsliriegeln
- echt grün: mit Salat
- echt bittersweet: mit einem Stückchen Bitterschokolade

Energy-Shake für einen gesunden Einstieg!

Das brauchst du:

1 Orange (geschält und geviertelt), 200 ml Ananassaft, 200 ml Buttermilch, 1 EL Weizenkleie, nach Belieben auch etwas frischen Ingwer (geschält, in kleine Stücke geschnitten)

So einfach gehts:

Alle Zutaten in den Standmixer geben und etwa 30 Sekunden mixen.

Jetzt kann der Tag beginnen!

Was dich im
Job erwartet
sagt dir das
Würfelorakel ...

Du brauchst: einen Würfel, Papierblättchen, Schere, Kleber, schwarzen Edding und eine gute Portion Aberglauben sowie Spaß am Würfeln!

So gehts: Überklebe die 6 Würfelseiten mit weißen Papierblättchen und zeichne darauf die Symbole der nächsten Seiten.
Dann würfle dich ins Glück!

Super, du wachst mit Spitzenlaune auf. Da kann selbst die Bad-Monday-Stimmung im Büro nicht dran rütteln.

Wohl nicht gerade dein Tag heute. Also Augen zu und durch – auch diese Tage gehen vorbei – und morgen scheint wieder die Sonne.

Achtung! Hohe Fettnäpfchen-wahrscheinlichkeit!

Oje, dieser Tag könnte stressig werden. Also, tief durchatmen, Kaffeekonsum reduzieren und die Yogamatte bereithalten!

Hilfe! E-Mail-Flut! Da hilft nur eins: lesen, löschen, lesen ... aber nicht wegen jedem „PLING!“ die Arbeit unterbrechen.

Falls dich tatsächlich wieder einmal die Aufgabe trifft, den Kaffeeautomaten zu reinigen, sieh‘s positiv: der erste frisch gebrühte Kaffee gebührt dir!

Tipp für zwischendurch ...

... Nimm dein Trainingszeug mit zur Arbeit
und geh in der Pause ins Fitness-Studio!

5 mal Gutes gegen Stress

GUTE Freunde treffen

GUTE Vibes deiner Lieblingsband
oder im Yogakurs

GUT und ausreichend schlafen

GUTES Buch lesen und
in andere Welten abtauchen

GUTE Laune durch Lächeln

Tipp zum Schluss ...

… Motiviert bleiben: steck dir an jedem Tag Mini-Ziele, die bis zum Abend erreichbar sind!

Viel Glück und Spass in deinem Job!

FSC
www.fsc.org
MIX
Papier aus verantwortungsvollen Quellen
FSC® C015529

Postfach 10 03 25, 73703 Esslingen
Text: Daniela Jakob
Redaktion: Vanessa Tröhler

Umschlaggestaltung und Layout:
elektrolyten, München, www.elektrolyten.de
www.esslinger-verlag.de

ISBN 978-3-480-22994-9